Russian Step I

Natasha Alexandrova

Anna Watt

Animal Names and Sounds in Russian
Part 2
Coloring Book

Illustrations by Anna Alexeeva

Cover by Anna Alexeeva

http://russianstepbystepchildren.com/

First Edition
Animal Names and Sounds in Russian
Russian Step By Step

All rights reserved

Copyright © 2014 by Russian Step By Step

No part of this book may be reproduced or transmitted in any form or by any means, electronic or mechanical, including photocopying, recording, or by any information storage and retrieval system, without written permission from the publisher.

ISBN-13:   978-1495936982

ISBN-10:   1495936988

Printed in the United States of America

Русский шаг за шагом

Наташа Александрова

Анна Вотт

Кто как говорит

Часть 2

Раскраска

Иллюстрации Анны Алексеевой

Обложка Анны Алексеевой

http://russianstepbystepchildren.com/

Дорогие взрослые!

Наша обучающая книга «Кто как говорит» рассчитана на детей, которые начинают говорить по-русски (как в одноязычной, так и двуязычной среде). Это пособие состоит из двух частей.

Первая часть – это книга, которую вы будете использовать много раз. Малыш расширяет свой словарный запас постепенно. Вы будете возвращаться к этой книге с ребёнком, и каждый раз он будет открывать для себя новые слова и фразы. Не пытайтесь научить ребёнка всему, что позволяет каждая картинка. Раскрывайте более сложные элементы постепенно, шаг за шагом.

Вторая часть – это раскраска, в которой ребёнок будет раскрашивать детёнышей животных, и закреплять пройдённый материал.

Как работать с частью 2

Раскраска

Есть два варианта работы с раскраской.

1) Вы можете предложить ребёнку раскрасить картинку, как он хочет. Вы задаёте вопрос:

   - Какого цвета наш цыплёнок?
   - Наш цыплёнок желтый.

Ребёнок находит желтый карандаш и раскрашивает картинку.

2) Вы можете попросить ребёнка раскрасить так, как на картинке в первой части.

   - Какого цвета тут медвежонок?
   - Он коричневый.

Ребёнок находит коричневый карандаш и раскрашивает картинку.

Закрепление материала

На каждой картинке есть только детёныш. Продолжаем закреплять пройденные слова и проверять усвоен ли материал, задавая вопросы.

- Кто это?
- Это жеребёнок.
- Как зовут его маму?
- Его маму зовут лошадь.

- Что это у жеребёнка?
- Это у него грива.
- Покажи копыта.
- Вот они.

- Какого цвета зубки у хомячка?
- У него белые зубки.

Для дополнительных заданий и информации о работе с этой книгой, мы предлагаем вам посетить наш сайт www.russianstepbystepchildren.com .

Dear adults!

Our educational book, Who Says What: Animal Names and Sounds in Russian, is for the children who are beginning to speak Russian: as a native language, as a second language or in a bilingual environment. It consists of two parts.

Part 1 is a book that can be used over and over again. Children expand their vocabulary gradually, so every time you will return to this book with the children, they will discover more and more new words and phrases. Do not try to teach the child everything that it is possible to present on one page. Add the elements step-by-step, as they gradually become more complex.

The second part is a coloring book that in addition to coloring allows the children to reinforce the information you have covered in Part 1.

How to Work with Part 2

Coloring

We suggest two ways of working with the coloring book.

1) You can let the child to color the picture, as he/she wants to. You ask the child:
   - Какого цвета наш цыплёнок? = What color is our chicken?
   - Наш цыплёнок жёлтый. = Our chicken is yellow.

The child finds the yellow pencil and colors the picture.

2) You can ask the child color the animals the same colors as in part 1 of the book:
   - Какого цвета тут медвежонок? = What color is the little bear here?
   - Он коричневый. = It is brown.

The child finds the brown pencil and colors the picture.

Review of the covered information

Each page will only have the baby from the animal family. You can test if the new words and phrases have been retained by asking questions:

Кто это? = *Who is this?* Это щенок = *This is a puppy.*
Как зовут его маму? = *What is his mom's name?* Его маму зовут собака. = *His mom's name is a dog.*
Как зовут его папу? = *What's his dad's name?* Его папу зовут пёс. = *His dad's name is a dog.*
Как говорит щенок? = *What does a puppy say?* Щенок лает. = *A puppy barks.*

For additional activities and information about how to work with this book, please visit our website www.russianstepbystepchildren.com .

Questions to ask

If go through the book, you will see different sentences that help to learn new words: body parts, verbs, colors, etc. If you have difficulties with translation, please go to russianstepbystepchildren.com website.

Домашние животные

Щенок

- Кто это?
- Как зовут его маму?
- Как зовут его папу?
- Как говорит щенок?

Котёнок

❖ Клубок- это любимая игрушка котёнка. Какая твоя любимая игрушка?
❖ Покажи, где у котёнка усы.

Телёнок

❖ Где у телёнка чёлка? У тебя есть чёлка? А у кого ещё есть чёлка?
❖ Раскрась пятна у телёнка в рыжий цвет.

Жеребёнок

- ❖ У жеребёнка есть чёлка, грива, копыта и хвост.
- ❖ Найди их на картинке и раскрась чёрным цветом.

Цыплёнок

- На кого смотрит цыплёнок?
- Раскрась крылышки у божьей коровки красным цветом и нарисуй чёрные пятнышки на них.

Поросёнок

❖ Носик у поросёнка называется пятачок. Раскрась пятачок у поросёнка в розовый цвет.
❖ Какого цвета твой носик?

Утёнок

- ❖ Покажи, где у утёнка клюв? Утёнок кушает клювом.
- ❖ А чем кушаешь ты?
- ❖ Покажи, где у тебя рот?

Гусёнок

- ❖ Какого цвета у гусёнка клюв? (оранжевый)
- ❖ А где у гусёнка лапки? Какого они цвета?
- ❖ Лапки и клюв одинакового цвета?

Индюшонок

❖ Покажи у индюшонка лапки, клюв, крыло и хвостик.
❖ У тыквы тоже есть хвостик. У тебя есть хвостик?
❖ Раскрась тыкву оранжевым цветом, а её хвостик зелёным.

Ягнёнок

- Что жуёт ягнёнок?
- Ягнёнок любит есть цветы и травку.
- А что любишь есть ты?

Козлёнок

- ❖ У козлёнка есть рожки?
- ❖ У него большие рожки или маленькие?
- ❖ Что висит на шее у козлёнка?

Дикие животные

Медвежонок

- Медвежонок обожает мёд. Он облизывается язычком, потому что испачкался.
- Ты тоже облизываешься язычком, когда испачкаешься?

Бельчонок

- ❖ Бельчонок любит всё грызть: грибы, жёлуди, орехи.
- ❖ У него очень крепкие зубы.

Мышонок

❖ Мышонок Лиза модница. У неё красное платье в белый горошек, а на голове красный бантик.
❖ Раскрась Лизу.

Совёнок

❖ У совёнка большие круглые глаза, поэтому его называют пучеглазым.

Тигрёнок

- Покажи где у тигрёнка усы, уши, хвост и когти.
- Тигрёнок полосатый. Раскрась полоски на шёрстке у тигрёнка в рыжий и чёрный цвет.

Лисёнок

- У лисёнка Ани острая мордочка и пушистый рыжий хвост.
- Когда Аня спит, она прикрывает мордочку хвостиком как одеялом.

Лягушонок

- У лягушонка длинный язык. Он им ловит мух и комаров.
- Лягушонок пучеглазый.

Воробушек

- У маленького воробушка жёлтый клюв, поэтому его называют желторотым.
- Покажи, где у воробушка клюв, крылья, хвостик и лапки.

Волчонок

❖ У волчонка есть острые клыки: два сверху и два снизу.
❖ Покажи, где у волчонка клыки.

Ежонок

- ❖ У ежонка есть иголки. У него мягкий животик.
- ❖ Ёжик может сворачиваться в клубок.

Хомячонок

- У хомячонка Фуфы пухленькие щёчки.
- У Фуфы очень хороший аппетит. А у тебя хороший аппетит?

Зайчонок

- У зайчонка длинные уши. Он любит морковку.
- Зайчонок прыгает скок-скок. Покажи как зайчонок прыгает.

Russian Step By Step learning system is designed by an experienced teacher and language course developers to introduce a step-by-step approach to learning Russian. Our goal is to provide the learners of Russian with clear and simple explanations and lots of practice.

For a complete list of titles, prices, more information about our company and learning materials, please, visit our website at **russianstepbystepchildren.com**

If you are teaching Russian using our materials, please contact us regarding a complimentary training at **info@russianstepbystepchildren.com**

Available Titles

Children's Series:

1. Azbuka 1: **Coloring Russian Alhpabet:** Азбука- раскраска (Step 1)
2. Azbuka 2: **Playing with Russian Letters:** Занимательная азбука (Step 2)
3. Azbuka 3: **Beginning with Syllables:** Мои первые слоги (Step 3)
4. **Animal Names and Sounds:** Кто как говорит (Part 1 and Part 2)

Adult Learner's Series:

1. **Reading Russian Workbook**: Total Beginner (Book & Audio)
2. **Beginner** Level 1 (Book & Audio)
3. **Low Intermediate** Level 2 (Book & Audio)
4. **Intermediate** Level 3 (Book & Audio)
5. Russian Handwriting 1: **Propisi 1**
6. Russian Handwriting 2: **Propisi 2**
7. Russian Handwriting 3: **Propisi 3**
8. **Verbs of Motion**: Workbook 1
9. **Verbs of Motion**: Workbook 2

You can also follow us on Facebook **www.facebook.com/RussianStepByStep**

Made in the USA
San Bernardino, CA
13 September 2019